A M. GAMBETTA

UN MOT SUR LE PEUPLE

A MONSIEUR GAMBETTA

UN MOT
SUR LE PEUPLE

> « Je dis que la philosophie politique
> « exige que l'on considère le peuple,
> « comme la source exclusive, inépuisa-
> « ble, sans cesse renouvelée, du pouvoir
> « et du droit. »
>
> GAMBETTA.

BORDEAUX

— IMPRIMERIE DE LA GUIENNE, —

Rue Gouvion, 20.

1870

Vous êtes célébre et je suis inconnu ; néanmoins jeune comme vous et vous sachant accessible aux idées élevées, je prends la liberté de vous adresser ces réflexions.

L'élément fécond de toute société est le peuple, et, comme il en est aussi la portion la plus digne d'intérêt, j'adopte cette devise :

« Tout pour le peuple et par le peuple. »

Cette maxime que nous osons élever à la hauteur d'une vérité, a souvent trouvé des contradicteurs ; elle a effrayé, par les aspirations qu'elle révèle, d'honnêtes esprits qui ont sacrifié à la crainte de ses excès les fruits heureux de son application.

Contradicteurs et esprits craintifs ont été emportés par les évènements, et conduits avec nous devant cette heure de grands enseignements et de grandes promesses.

Contradictions et craintes tomberont devant l'évidence et la sincérité des faits.

Je ne crains point de dire trop en affirmant que le peuple ne s'est jamais montré ce qu'il est en vérité.

Depuis la grande naissance de nos libertés, jamais il ne fut lui-même. Furieux et sanguinaire, sous la main d'ambitieux qui le trompaient, il fut plus tard flatté par des rois qui, redoutant sa force, voulaient s'en faire un ami ; puis endormi et énervé par un tyran qui l'a indignement vendu.

Aujourd'hui s'ouvre l'ère des grands actes du peuple, la Défense nationale et la Constitution.

———

Fut-il jamais dans la vie d'un peuple un moment plus solennel, et dans quel respectueux silence toutes ambitions et tous appétits doivent-ils attendre de cette fiévreuse agonie, la crise heureuse du salut.

Les hontes du passé, les dangers et les douleurs du présent, les travaux de l'avenir — quel chaos !

Seul le peuple renferme en lui les richesses de générosité, de dévouement, de puissance et de fécondité, capables de réparer nos défaillances et d'engendrer nos grandeurs.

Mais, laissez-moi vous le dire, si vous voulez que le peuple soit cet immense héros que je vous annonce, ne touchez pas à ce qui fait sa force, respectez sa liberté !

A l'heure présente il verse à flots son sang sur les champs de bataille, et livre jusqu'au dernier de ses enfants. Ah ! pour prix de son dévouement, quand le calme une fois venu, il sera le jour de prouver sa fécondité, laissez-le se reconnaître dans son indépendance et produire ce qu'il aura jugé bon.

Remarquez que le respect de la liberté ne défend pas d'éclairer et de diriger le peuple ; au contraire, il en fait un devoir, et le tromper sciemment est un abus coupable qui fut le crime de tous les ambitieux.

Et comme il importe au parfait accomplissement de la double tâche que nous venons de lui assigner, que le peuple distingue ses véritables et ses faux amis, ses conseillers sincères et ses guides perfides, permettez-moi de lui indiquer quelques signes auxquels il pourra les reconnaître.

Il est dans le jugement de tous que la France a été surprise par ses ennemis dans un état complet de dénûment de soldats, d'armes, de vivres.

Le régime des candidatures officielles, en faisant à nos lâches passions de doux repos et des revenus faciles, nous avait conduits insensiblement à cet état misérable.

Napoléon est tombé, ne laissant rien après lui, si ce n'est la honte de notre tolérance et l'étranger au cœur de notre pays.

Nous saluons le patriotisme de ces hommes généreux qui ont eu le courage de constituer la défense de la France.

Tout était à faire : ils ont osé tout entreprendre.

Les armes sont arrivées et arrivent, les munitions suivent les armes ; les vivres suivent les soldats qui chaque jour vont se former en corps nouveaux, ou aider à la consolidation de ceux que la faiblesse d'une organisation naissante a pu exposer à des échecs partiels.

Applaudissons aux prodiges accomplis, et concourons de toutes nos forces au succès de leurs patriotiques efforts.

Pour arriver à ce résultat promis par ceux qui gouvernent, désiré de tous, et espéré d'un grand nombre, que nous faut-il ?

Vous nous l'avez dit : Il faut à la France un suprême effort !

C'est vrai; mais là n'est pas tout.

S'il faut au peuple le courage des grands sacrifices, il faut à ceux qui gouvernent sagesse et prudence dans les conseils.

J'espère, je crois même que vous avez en vous ces deux sources de la vraie lumière, et que la France doit sans murmurer répondre à votre appel; car, cette France vous est chère, et vous craindriez de payer de son dernier enfant le sanglant éloge de « n'avoir point désespéré de la République. »

Donc, la voici cette France prête à ce suprême effort que vous lui demandez.

Mais, avez-vous bien réfléchi à ce que doit-être ce suprême effort ?

Ce suprême effort doit-être un long effort; et si l'élan passager d'un acte courageux, toujours contraire à l'instinct brutal de la conservation, peut constituer à lui seul un phénomène surnaturel, combien plus l'héroïsme d'un long effort rend-il nécessaires des cœurs élevés et des âmes régénérées.

Il vous faut pour sauver la France plus que des courages, il vous faut des caractères.

Et si voulez les voir naître, et s'animer du souf-

fle qui affranchit des attaches de la vie, qui fait les
forts et qui enfante les prodiges, ne riez plus des
amis du peuple qui lui crient : *Sursum corda !* Lais-
sez-les dans leur exaltation sublime porter bien
haut ses aspirations, et lui montrer dans la foi la
source des complets sacrifices et des longs dé-
vouements.

Là est le salut de la France, là est sa force contre l'étranger, là est le secret de sa résurrection
morale.

Ainsi régénéré, le peuple sera redevenu lui-
même et se révèlera digne de travailler à sa constitution.

Ici, quelque amer qu'il soit de se souvenir des
fautes et des hontes passées, nous devons y re-
porter nos regards, et puiser dans ce triste spec-
tacle les enseignements nécessaires pour assurer
la félicité et la perfection de l'avenir.

Et, comme les discussions de mots et de noms
sont souvent le sujet de trop longues luttes, même
entre gens sincères et de bonne foi, ne jetons jamais le peuple dans ces dangereuses et trop spé-
cieuses appréciations.

Travaillons aux institutions et rappelons-lui
qu'elles seules sont la garantie du bonheur des
peuples, de quelque appellation qu'il soit établi de
les désigner.

Un gouvernement est la manière dont s'exerce

vis-à-vis des hommes le principe éternel et nécessaire de l'autorité.

De tous les gouvernements, le seul qui soit ap-
plicable à la France est le gouvernement du peuple
par le peuple, c'est-à-dire le gouvernement dé-
mocratique, le gouvernement de la puissance du
peuple.

Il est important de ne pas confondre Démocratie
avec République.

La Démocratie est un principe.

La République est une forme.

Le gouvernement de la démocratie peut parfaite-
ment exister sans la forme *République*, qui n'en
est point fatalement l'application.

La République qui semble, par la solennité de
ses promesses, être inséparable de la puissance du
peuple, ne s'est trop souvent produite que pour
perdre à jamais cette puissance.

Et cette stérilité de toutes nos Républiques à féconder jusqu'ici la puissance du peuple, vient de ce
que ceux qui sacrifieraient tout au mot République, ont oublié d'être des démocrates.

Pour être un vrai républicain, il faut commencer
par être un vrai démocrate.

Le gouvernement de la puissance du peuple s'é-
tablit, se développe et se maintient par l'intelligence complète et l'application consciencieuse de
ces trois grandes vérités :

Liberté,

Égalité,

Fraternité.

La liberté ! Qu'ai-je besoin de la définir ? Pour nous, jeunes hommes qui ressuscitons d'une mort politique de vingt-années, elle vibre d'une étrange façon, et nous élève à des joies que nous ne connaissions pas ! Elle nous révèle une puissance que nous ne sentions pas, et qui cependant est bien vive en nous : l'activité politique.

Force effrayante par ses prodiges comme par ses excès, puisqu'elle conduit notre libre choix en présence de deux mondes nouveaux pour nous : nos droits et nos devoirs.

Et, chose digne d'admiration, là seulement est le triomphe de la liberté, où le droit se mesure au devoir.

Nous pouvons dire que la liberté c'est l'exercice de ses droits dans la limite de ses devoirs.

Suivant la sphère où elle s'exerce et les intérêts auxquels elle s'attache, la liberté se divise en

Liberté civile et liberté politique.

« La liberté civile c'est, comme l'a dit un grand penseur, la faculté pour le peuple d'accomplir tous les actes légitimes du citoyen dans la cité. »

« La liberté politique, c'est la faculté pour le peuple d'intervenir directement dans la formation et l'action du gouvernement. »

Si, découragés par les déceptions de tant d'essais malheureux pour l'établissement de la liberté politique, toujours négatifs jusqu'à cette heure de toute liberté civile, nous désespérions de tout progrès, nous serions conduits à reconnaître que de ces deux libertés, la plus douce pour le peuple, serait la liberté civile.

Nous n'en sommes heureusement pas là, et confiants dans les promesses du progrès, nous voulons pour le peuple la double conquête de la liberté civile unie à la liberté politique.

Mais ne nous dissimulons pas les difficultés de cette parfaite harmonie.

Les obstacles sont nombreux à la solution de ce problème, et parmi eux nous devons dénoncer à la flétrissure du peuple, le plus détestable de tous : les ambitieux hypocrites.

Le peuple, qui renferme en lui ce qui fait régner sur les hommes, paye aussi sa dette à la fragilité humaine par des instincts et des passions qui le mettent en danger de servitude.

Là se trouve sa faiblesse, là se trouve le péril de sa liberté.

Si cette exquise sensibilité qui le distingue est toujours la source vive de ses grandes actions, quand la raison l'éclaire, que de fois y trouvons-nous la cause de ses fautes et de ses chutes, si les forces brutales de son être viennent ravir à son sens moral la libre possesion de la vérité.

Tout est grand dans le peuple, et comme les ambitieux savent que ses colères sont puissantes à l'égal de ses héroïsmes, vous voyez à l'heure des dislocations sociales sortir de terre ces mille nullités de cœur et d'esprit, vagabonds de l'intelligence, fruits secs des carrières qui n'ont pas voulu d'eux.

Ils endossent indignement la livrée du peuple, se disent ses amis, et vous les voyez rôder de bassesse en bassesse autour de ce peuple roi, jusqu'au jour où l'enivrant pour s'en mieux saisir, ils brisent dans sa main la liberté, seule arme qui pût défendre et sauver sa dignité.

Ainsi désarmé dans son hébètement, et sans qu'il ait conscience de sa décadence, le peuple s'obstine à voir des amis là où ne sont que des traîtres ; il devient l'instrument servile de ces ambitieux, et, pour la plus grande joie de leur lâche comédie, sa boue et ses sifflets sont pour les vrais amis qui ont la franchise de lui dire la cause et le remède de ses maux.

Vous, qui êtes appelé à choisir et à grouper les vrais amis du peuple, faites-les donc passer sous la toise de la franchise et de la loyauté !

Quant à nous qui portons un cœur français dévoué au peuple et à la liberté, notre devoir sera partout et toujours, de jeter bas le masque dont se couvrent ces misérables, et de les montrer dans la laideur de leur nudité.

L'union de la liberté civile et de la liberté politique sera la perfection de la démocratie, et le respect de la liberté civile en sera la condition nécessaire.

Du respect de la liberté civile naît fatalement l'idée d'égalité.

Et suivant que vous envisagez l'égalité dans la pureté de son principe ou dans les abus de son application, vous êtes conduit à distinguer

L'égalité de droit et l'égalité de fait.

Cette distinction est surtout nécessaire pour donner au peuple la connaissance exacte de ses droits et de ses devoirs.

Il faut l'élever à la hauteur de sa dignité, et lui faire savourer au milieu de ses douleurs, cette éternelle vérité : tous les hommes sont égaux.

Il faut surtout la lui prouver par la pratique.

Mais comme il en coûte beaucoup plus aux philanthropes de nos jours de consoler le peuple que de l'irriter, au lieu de s'honorer d'une égalité qui les choque, ils aiment mieux convier le peuple à proclamer l'égalité de fait.

C'est le convier à la révolte contre la vérité et contre la liberté.

L'égalité de droit est la conséquence de l'égalité d'origine et de l'égalité de fin.

Tous les hommes portent en eux la même âme émanée du même foyer divin, et le créateur, en les animant de ce souffle immortel, les jeta tous aux mêmes titres dans le grand mouvement du libre arbitre.

Il les honora tous de la même vocation, et cette double similitude est la plus chère vérité de la plus consolante des philosophies, celle qui fait si belle et si grande la part du pauvre.

Mais, comme cette égalité de droit est un bien qui n'a rien de palpable pour les sens, elle n'en satisfait point les aspirations, et le sensualisme qui n'a d'autre félicité que la jouissance, réclame comme conséquence de l'égalité de droit, l'égalité de fait.

Provoquer le peuple à cette conquête, c'est le tromper.

L'égalité de fait tombe dès le premier pas de la liberté. Le devoir d'un véritable ami du peuple est de lui démontrer l'impossibilité d'un semblable phénomène social.

En outre que l'égalité de fait, engendrant l'uniformité dans le monde, serait un obstacle à tout progrès, elle imposerait une borne déterminée à des intelligences justement ambitieuses d'aller plus loin, et devrait forcément prendre pour niveau réglementaire celui des plus lents à progresser.

Quelle injure faite à l'humanité sans cesse travaillée de la possession de l'infini !

Il est à remarquer que ceux qui crient le plus haut la nécessité de cette règle commune entendent toujours s'en affranchir.

Restricteurs égoïstes de la vitalité d'autrui, ils demandent à une loi monstrueuse les faciles succès de leur impuissance ; ils ne veulent rien au-dessus d'eux et veulent être au-dessus de tous.

Les champions de cette doctrine pénètrent facilement dans le sanctuaire de la raison du peuple, à l'abri d'un sophisme d'autant plus puissant qu'il s'adresse à la partie la plus prompte et la plus vive de son être, à son cœur.

Et là, par un criminel abus de langage au nom de la justice outragée, ils ravagent le sens moral du peuple, et le conduisent encore à la perte de sa liberté.

Si le sens moral du peuple est facilement compromis par la naïveté de ses impressions, il est facile et prompt dans ses retours, et pour qu'il soit vainqueur de ses ennemis, il suffira qu'il en connaisse le mot de ralliement.

Le mot de ralliement des égalitaires de fait c'est la négation de l'immortalité de l'âme.

———

Pour faciliter la marche de l'humanité vers la perfection, la sagesse éternelle fit de la vie un mouvement vers la félicité.

L'homme sent en lui l'aiguillon de cette vocation, et pour être digne dans sa marche, il lui faut le secours d'une espérance que la mort elle-même ne détruit pas.

Voilà l'homme des grands sentiments, des grands conseils, des grandes inspirations et des grands courages !

Vous l'avez-vu sur les champs de bataille s'élançant au nom de la Patrie et de Dieu ; il tombe mort, et tous saluent en sa dépouille celui qui le fit si grand ; il tombe mutilé, et ses ennemis eux-mêmes, fascinés de l'éclat qui l'illumine, affranchissent le héros blessé des lois rigoureuses de la guerre.

Ah ! il n'a jamais réclamé l'égalité de fait, ce vrai fils de la France, mais il a toujours été le premier esclave de l'égalité de droit, soit que Dieu ait mis sur sa tête une couronne de baron, soit qu'il ait confié à ses mains viriles le soin de fertiliser la terre !

Si, privé de la croyance en une autre vie, et en même temps sujet de la loi qui le pousse vers la félicité, l'homme doit circonscrire dans les limites de la matière et du temps le but de ses ambitions et la source de ses joies, il voudra bouleverser le monde pour tirer de lui tout ce qui fait jouir.

Alors, il y aura ces turpitudes dont nos feuilles publiques contiennent la triste complainte : on y voit un père qui, renfermant dans la même insulte et le même mépris, Dieu, le peuple et la nature elle-même, va jeter dans un trou, comme il eût fait d'un chien, le fruit de son sang, refroidi par la mort ; on y voit encore un préfet, qui se dit l'ami du peuple, et qui poussant la parade jusqu'aux limites de l'ignoble, va soumettre les fins dernières de l'homme aux lois qui régissent la reproduction des insectes et des légumes !

L'harmonie de la liberté civile et de la liberté politique donnera au peuple le bienfait de sa vraie puissance s'exerçant sans entraves sous l'égide de l'égalité et de la fraternité.

La fraternité se traduit par le respect de l'égalité et de la liberté d'autrui ; elle naît de l'existence de l'homme au milieu des hommes ; elle s'exerce au bénéfice de ceux qui souffrent parmi nous.

La souffrance c'est la misère, et, suivant que la misère affecte différemment l'humanité, on a toujours ainsi divisé les différents modes de souffrir :

Les misères de l'intelligence.

Les misères des corps.

Les misères des cœurs.

L'intelligence, ce foyer de tout mouvement, de toute aspiration, de tout acte résolu, porte en elle une prédestination qui la condamne pour ainsi dire à la recherche de la vérité.

La possession de la vérité, voilà la félicité de l'intelligence, le parfait exercice de son activité.

Et il ne faut pas croire que cette joie de la vérité conquise et possédée, soit le partage de l'aristocratie intellectuelle ; elle est un des besoins les plus impérieux du peuple, et quand encore embarrassé dans les langes de l'ignorance, il n'a pour se guider que les inspirations de ce qu'on appelle le gros bon sens, ne sentez-vous pas dans la manifestation de ce fait intellectuel inculte un éloquent appel à la vérité qu'il cherche.

Il n'est pas permis à l'homme de méconnaître ce besoin de ses frères, et il doit consacrer toutes les forces d'expansion de son âme à les instruire des grandes vérités de la vie, qui se résumeront toujours en ces deux mots : les droits et les devoirs.

Ce culte d'une intelligence possédant la vérité, pour une autre intelligence déshéritée de ce bien, doit s'exercer dans le mouvement d'une liberté sans limites.

Mais, de même que les peuples de l'antiquité, jaloux de la beauté de leur race, évitaient aux promesses de leur procréation la vue des êtres difformes et réjouissaient leurs yeux des lignes pures de la perfection, de même il faut que ce libre commerce des intelligences soit inspiré et éclairé par l'amour du peuple.

Cet amour seul peut inspirer le dévouement qui va jusqu'à l'oubli de soi-même, première loi de la fraternité, et susciter ces délicatesses de tact et de prudence qui écartent tout danger de l'objet aimé.

Or, ce danger pour l'intelligence, c'est l'erreur.

Laissez donc l'instruction se répandre en pleine liberté ; mais que le peuple sache, et sache par vous, sur qui il a les yeux, que pour bien instruire les hommes et féconder leurs intelligences, il faut les aimer jusqu'à l'abnégation.

Et c'est à ce criterium du dévouement et du sacrifice que vous reconnaîtrez toujours celui qui porte au peuple sa vraie lumière.

Une plume tristement célèbre par la vanité de ses promesses, la fausseté de ses affirmations et la lâcheté de ses défaillances, nous dit un jour les moyens d'éteindre le paupérisme.

Or, le paupérisme est la misère des corps.

Pour tuer cette utopie, qui trouve toujours un écho chez les faux amis du peuple et ses faux savants, il suffirait de signaler les autres mensonges du même auteur et d'indiquer l'application qu'il fit de ses doctrines.

J'aime mieux lui opposer une parole célèbre d'un philosophe qui ne fut jamais surpassé dans son amour pour les hommes.

Certains même, et je le crois comme eux, prétendent qu'elle est d'un Dieu : je veux parler du Christ.

Par lui, l'existence du pauvre parmi nous, fut

non-seulement consacrée, mais promise ; ce fut ainsi qu'il institua la fraternité.

La pauvreté et la fraternité, la plaie et le remède, sont par un amoureux secret de la Providence, éternellement attachées l'une à l'autre, et l'éternité de la douleur fut inventée pour enfanter l'éternité du sacrifice.

Et, quelque cruel que puisse paraître cet indissoluble lien à ceux qui aiment mal le peuple, il fut forgé pour être à jamais, entre le riche et le pauvre, la cause nécessaire de leur coexistence et confondre dans un sublime embrassement les trésors du mérite et les douceurs de la reconnaissance.

Il fallait que celui qui donne eût aux yeux de celui qui reçoit le prestige de tenter l'impossible ; il fallait que celui qui reçoit eut aux yeux de celui qui donne, le prestige d'un mal incurable, pour qu'éclatât plus puissante la source divine de la fraternité.

C'est dans cette loi de son origine que la fraternité trouvera les enseignements et les principes qui sont les conditions nécessaires de son mouvement fécond, soit qu'elle s'attache à soulager les corps, soit qu'elle s'émeuve des misères des cœurs.

Si le peuple a droit à tout notre dévouement, quand il s'agit de soulager les corps et d'éclairer les intelligences, quelle ne sera pas pour un observateur sincère de la loi de fraternité, l'attraction d'un cœur qui souffre.

Le peuple est frappé de la misère du cœur, quand son cœur est vide de ce qui fait sa vie : la faculté d'aimer.

Pour l'élever au-dessus de cet état misérable, il faut ranimer ce foyer éteint, il faut qu'il aime! Et comme l'amour commande l'amour, vous n'aurez porté remède à son mal que le jour où la fraternité aura l'amour pour base de son développement.

Le péril de la fraternité, c'est l'égoïsme; non point l'égoïsme apparent, et qui promène son droit de cité sous le mépris général; non, celui-là n'est pas un danger : c'est une difformité.

Je veux parler de cet égoïsme honteux, qui a conscience de sa laideur, et qui est d'autant plus funeste et d'autant plus difficile à détruire, qu'il est insaisissable, se dérobant sans cesse dans les replis d'une fraternité d'étiquette, toute stérile des inspirations de l'amour.

Voilà le mal de notre époque, et voilà le mal contre lequel il faut lutter. Mal qu'enfantèrent la fausse liberté, la fausse égalité, la fausse fraternité; mal qui déjà puissant, reçut du gouvernement tombé une vivacité nouvelle et de singuliers raffinements, et dont il fut le triste legs comme pour servir de complication diabolique aux misères actuelles de la patrie.

Et savez-vous comment il fit, ce gouvernement trompeur pour faciliter la production de ce prodige social? Il lutta contre la loi d'origine de la fraternité : la coexistence du riche et du pauvre; il tua la vie de la fraternité : l'amour; et il le tua en le rendant suspect.

Par le fatal développement d'une fortune factice, il fit croire à la source des grands revenus, et chose plus coupable encore, des revenus faciles.

Celui qui possède, encore qu'il crut à la fraternité, trouva bon le calme qui laisse jouir; son bonheur s'augmenta, il oublia qu'on pût souffrir, il devint indifférent.

Celui qui ne possède pas ne vit plus de près celui qui possède, et affranchi de la douce pression de l'amour en même temps qu'abandonné, il fit du riche oublieux la cause de ses maux.

Les ennemis de la société ne pouvaient mieux faire. Ils avaient la division du pauvre d'avec le riche, et ils la complétèrent le jour où ils initièrent le peuple à cette détestable argutie qui met entre le mot philanthropie et le mot charité une spécieuse distinction.

Ils permirent la philanthropie parce que en l'isolant de la charité, ils la rendaient plus humaine et plus servile; ils n'osèrent point interdire la charité, mais ils la mirent en suspicion devant le peuple.

La charité, c'est la philanthropie éclairée d'une idée religieuse; ils la traitèrent d'hypocrisie.

Ah! au nom de l'avenir de cette démocratie dont la France a soif, au nom de la régénération de cette France oublieuse de sa vocation, vivifiez par une pure atmosphère de liberté franche et sans limites, l'effort du peuple vers la guérison des trois misères qui le rongent, et n'opposez plus à la marche de la charité, seule gardienne de son honneur, les déplorables mesquineries de costumes et de professions!

La charité est la seule gardienne de l'honneur du peuple, parce que seule, elle porte avec elle le flambeau d'une idée religieuse qui élève l'homme à la hauteur de ses droits et de ses devoirs, et que seule elle ose dire au peuple qu'il y a un Dieu.

Si vous voulez avoir conscience de sa puissance, faites vous-même aux dangers présents de la patrie, un grand acte de charité, et donnez à vos éloquentes proclamations la seule force qui leur manque ; montez sans crainte les marches du temple de l'Eternel pour y déposer la fleur républicaine, et osez dire au peuple, au nom de la France et de la liberté :

Peuple ! tu as un Dieu. — Il n'est pas à moi de te dire dans quelle langue tu dois le reconnaître.

Ton Dieu est las de n'être pas prié ; adores-le.

Juif, invoque Jéhovah dans tes synagogues ; chrétien, bénis Jésus dans tes églises ; protestant, va dans tes temples demander à Dieu l'intelligence de ses lois ; disciple de Mahomet, crie vers Allah dans tes mosquées, et vous tous, fils de la libre-pensée, rendez au Dieu des nations l'hommage que votre raison lui décerne !

Le jour où vous aurez ce courage, m'entendez-vous ? il se fera dans toutes les poitrines de la France un frémissement de joie et d'espérance, et vous aurez la gloire d'avoir donné à la défense nationale le signal de régénération, qu'attend peut-être le Dieu des armées pour bénir vos soldats !